心與術的奧義

《貓之妙術》《天狗藝術論》二則日本古寓言，
闡述習藝與克敵致勝心法

佚斎樗山——著／陳岳夫——譯

開朗 LUCENT 文化

目次

編序
在顯於外的形，與隱於內的心之間

貓之妙術

本名丹羽十郎右衛門忠明的佚齋樗山，是日本江戶時代前中期的武士，曾擔任下總國關宿藩的藩士。但在通曉武藝的武士身分之外，他也是熟知儒家與老莊思想的文人，對莊子思想尤其熟稔，不僅在文章中常援引《莊子》當中故事，甚至仿效莊周，以大量寓言寫出《田舍莊子》一書。

本書首篇《貓之妙術》正是出自《田舍莊子》。這則寓言講述擅長劍術的武士家中出現大鼠作亂，三隻家貓捕鼠未果，武士於是請來鄰近的老貓，其貌不揚的老貓才以其「無形妙術」收拾了大鼠。

在這故事中，三隻家貓看似厲害的招式、故作強大的氣勢、以及刻意以和降人的心態，最後都無功而返。佚齋樗山最後才藉老貓沉穩的口吻，傳達出真正克敵致勝的心法。

儘管這則寓言通篇未明言劍道，但歷來日本多有習劍者因為故事中隱含的精神，而奉之為劍道習藝和武者處世的圭臬。這些人當中，最著名的便是山岡鐵舟（1836-1888）。相傳，這位活躍於幕府末期的政治家、劍術家及思想家，年輕時為探劍道的精神世界而讀了《貓之妙術》，因此大獲啟發，進而奉為自己的「兵法之書」。他曾表示，這對他在日後為幕府與明治新政府交涉江戶開城一事鋪路有極大助益。

慶應四年（1868），在鳥羽伏見之戰中潰敗的幕府，派出山岡鐵舟與西鄉隆盛

歌川國芳 繪。《貓之妙術》

交涉江戶開城事宜。西鄉隆盛當時開出五項條件，山岡鐵舟特別為其中的「幽閉慶喜於備前藩」一項力爭。山岡運用膽識和談判技巧，寸步不讓，使得西鄉隆盛也為之折服，進而促成了後續幕府的代表勝海舟與西鄉隆盛的會談，讓江戶得以「無血開城」，也讓幕府的「末代將軍」德川慶喜能夠返回德川家族的發源地水戶（現今的茨城縣），免於一死。

年輕時的山岡鐵舟

天狗藝術論

・

相較於《貓之妙術》的日常場景和較為淺顯易懂的內容，全長四卷、兩萬餘字，以日本傳說的「妖怪」天狗為主角的《天狗藝術論》，則是多了一份禪宗及陰陽思想的神祕色彩。而題名中的「藝術」，指的則是習「藝」和學「術」。

日本民間傳說中，天狗有「大天狗」與「小天狗」的等級與能力之分。在傳統形象的描繪上，天狗的樣貌兼具人類及鳥類的特徵。最早的天狗具有鳶頭和鳥喙，樣貌更近於妖怪，這正是小天狗的形象。後來，隨著傳說流傳更廣，天狗的「個性」也更人性化，於是開始出現了紅臉、高鼻的天狗，樣貌也更接近人形，這也就是現今較常見的大天狗形象。

大天狗除了和小天狗一樣身有羽翼外，通常也會穿著「山伏」的服裝，手持能刮起怪風的團

《鞍馬山武術之圖》歌川國綱 繪

扇。山伏原是在山中徒步修行的修驗者，因為在十二世紀開始，就有天狗乃是那些生前修行未達程度，態度又傲慢自滿的修行者在死後變成的說法，也因此，「天狗」在日語語意中也有形容人「高傲自滿」或「驕傲」之意。到了十三世紀，更漸漸有了大天狗身懷高超劍術和高強武藝的說法。

《天狗藝術論》一開始便說到乳名牛若丸的源義經（1159-1189）在幼時曾獲天狗傳授劍術的典故。在分別由浮世繪畫家歌川國綱與歌川國芳所繪的《鞍馬山武術之圖》與《牛若丸僧正坊隨武術覺圖》兩圖中，我們可看到猶帶稚氣的牛若丸，在林間和眾天狗打鬥習劍的畫面。圖中的小天狗皆是有如鳥禽帶著尖嘴的模樣，而唯一的大天狗，則是如同身披長袍的睿智老人，端坐在畫面重要處。這位「老人」正是牛若丸的劍術及兵法老師，也是日本傳說中最著名的大天狗，「天狗之王」，鞍馬山僧正坊。

父親源義朝被殺，自己成了殺父仇人平清盛的養子，母親之後又被迫改嫁，源義經因此在十一歲時被送往京都鞍馬寺。某天深夜，還名為牛若丸的他在鞍馬山中遇見了僧正坊。這個大天狗早已知道牛若丸的家世出身，以及源氏與平氏的恩怨，於是囑咐他每晚到森林裡，由他傳授劍藝。後來鞍馬寺僧發現此事，明白此時已習得一身武藝的孩子恐怕無法再在寺院中安度人生了，便告知其身世。牛若丸因此離開鞍馬山，準備向平家復仇。

「鎌倉戰神」源義經這位備受日本人喜愛的歷史人物受教於鞍馬天狗的傳說，也使得擁有高超劍術成了大天狗的形象和大眾認知。佚齋樗山會以天狗作為這則寓言的人物設定，便

《牛若丸僧正坊隨武術覺圖》歌川國芳 繪

也顯得理所當然。

以鞍馬山深夜林間的一場奇遇開始，《天狗藝術論》藉著眾多小天狗與一名老天狗之間的問答，在往來中闡述出大量的對比概念——內與外，陰與陽，心與形，清與濁，動與靜，剛與柔，有與無……也可見老莊和禪宗思想在當中隱隱浮現，而東方人熟悉的「氣」與「心」更是貫穿全文，構成這則長篇寓言當中的重要概念。

•

近三百年來，佚齋樗山的這二部作品雖被日本劍道界奉為重要的習藝圭臬，對武術、甚至各種技藝皆有深刻影響，但當中的哲理如今更值得生活中時時刻刻無不面對著各種「賽局」和競比的現代人深思——既是為了致勝，也是為了端正自己的心。

因為正如兩則寓言所述，除了施展必須熟練的「技藝」外，要能克敵或致勝的關鍵，往往都源於乾淨的「無心」。

貓之妙術

從前，有位通曉劍術者，名為勝軒。勝軒家中常有一隻大老鼠出沒，白天就在屋中竄跑，肆無忌憚。他只好關上鬧鼠患的房間，用自家所養的貓來抓鼠。然而，這隻老鼠會衝會跳，甚至會凌空躍起，噬咬家貓，而遭咬的貓兒只能大聲哀號，倉皇而逃。

由於自家的貓無法打敗大鼠，勝軒只好轉而借用鄰近幾隻擅長捕鼠的貓兒來治鼠患。當他把這些貓放進圍關老鼠的房間後，那隻大鼠卻只是靜靜躲在角落，等著貓兒主動靠近。接著，大鼠一躍而起，凌空攻擊趨近的貓。見到牠如此可怕的攻擊，眾貓無不畏縮不前，不敢向大鼠進攻。

勝軒大怒，於是抄起木刀進入房內，開始追打那隻大鼠，但牠就是有辦法巧妙躲開，不被木刀打到。勝軒不斷持刀揮打，就連障子門[1]也慘被打得稀爛。然而房中

1 日式木框貼上和紙的傳統建具。

大鼠還是跳躍、閃躲，速度疾如閃電。恐怕稍不注意，就連勝軒的臉也會被咬上一口。

汗流浹背的勝軒於是差遣家中傭人：「聽說在六、七町[2]外的村子有隻老貓，捕鼠技巧無與倫比，你快去把牠借回家來。」

當家僕依囑咐把貓帶回來時，勝軒一看，感覺這隻老貓的模樣似乎也沒特別敏捷伶俐，甚至還有點笨拙。

「總之，還是先把貓放進房裡，開個門縫觀察觀察吧。」

老貓放進房間後，那隻大鼠緊張得動彈不得。

只見老貓看似若無其事，慢慢趨近，接著便將大鼠一口叼起，轉頭走向勝軒。

•

當晚，眾貓齊聚勝軒家中，恭請老貓上座。

大家跪坐在老貓面前，問道：「我們被稱為捕鼠名貓，平日總是孜孜修練自己的捕鼠技藝，別說老鼠了，就連鼬啊、獺啊這些動物，也都逃不過我們的利爪。我們磨尖利爪，研習技藝，怎知現在的鼠輩竟然這麼厲害。不知前輩您施用的是什麼妙術，能輕易擊敗那隻大鼠？我們在此向您謙虛求教，還請前輩能不藏私，盡數傳授您厲害的妙招。」

老貓笑說：「在座各位都還相當年輕，相信也跟許多捕鼠高手共事過，只是因為未聞正道，所以在遭遇意料之外時落敗。雖然如此，來自四面八方的各位啊，先讓我聽聽你們是如何修練功夫的吧。」

一隻貌似聰穎的黑貓走向前。牠說道：「我出身專業的捕鼠世家，自小潛心修練，能跳過七呎高[3]的屏風，俐落鑽進小洞。我從小就手腳靈活，臨危不亂，沒有做不到的事。有時會佯裝熟睡，但突然起身，藉此欺敵，屋內梁上的老鼠可是從沒漏

2 約今日五、六百公尺。

3 約現今兩公尺多高。

抓過。沒想到今天竟遇到前所未見的鼠輩高手，真是我有生以來的恥辱。真是始料未及啊。」

老貓聽了這麼回答：

「你所謂的修練，不過是練習動作而已。你的心思終究還是不離攻擊。前人傳授這些動作，是要讓你了解功夫的道理。這些動作雖然簡單，但當中其實富含極致的道理。但後人卻只專注在動作上，以為反正只要練習就能熟練。後人創造各種技巧，追求極限，認為前人教的有所不足。雖然仰仗自以為是的才能在練習，卻都只是在比較手腳功夫而已，這樣的技巧一旦到達某種限度，也就無法再有進步。

眼界淺短，只追求技巧的極限，又過度仰仗自以為是的才能，就會像你這樣。才能是以心為用，若不知基本道理，只一味追求技巧純熟，最後只會落得一身花拳繡腿。只知仰仗自己的才能，正是阻礙進步的癥結。我說的這些，回去還請多加反省思考。」

一隻虎斑大貓接著向前走去。

牠說：「我認為武術是以氣為尊，所以我長久以來都在修練所謂的氣，如今已然豁達剛健，如有天地之氣充盈全身。

我在心境上已將敵人踏在腳下，但我還是先收起這股不敗的驕氣，再朝敵人前進。我細聽老鼠發出的聲響，不因獵物左奔右跑就應付不暇。而且，我不需思索便能出手，所有動作無不自然湧現。即便老鼠奔竄梁上，我光是瞪著，也能令牠束手就擒。可是今天這隻厲害的大鼠卻是來無影、去無蹤。這狀況不知前輩如何解釋？」

老貓聽完，這麼說：

「你修練的氣，不過是仗著氣勢而為。我們當然仰賴自身的功夫，但若未在適當時機運用自己的氣，也無法善盡其理。但我方如果只是以氣攻氣，敵方也會以氣攻氣。若攻不破對方的氣勢，那如何是好？如果想藉威嚇之氣壓制對手，對手也會以相當的氣勢反制。你要威嚇敵人，卻又威嚇不了，這時該怎麼辦？豈有你能永遠處於強勢、但敵方卻只能一直屈居弱勢的道理？

你認為自己修練的氣堅實而剛健，體內也充盈天地之氣，但那不過是氣的表象。這股氣雖和孟子所謂的浩然正氣相似，實則截然不同。孟子所說的「浩然正氣」，是一種明晰且有條理的堅實剛健之氣，但你的氣不過是藉著威嚇的姿態才看似剛健。這兩者雖然都是氣，實際卻完全不同。這就像江河常流與一夜洪水兩種態勢的對比。如果遇上不受氣勢屈服的對手，你該怎麼辦？

被逼到絕境的老鼠，心中已無畏懼，情急之下便會反咬攻擊的貓。老鼠在那當下已忘其生，忘其欲，也不思一心求勝，亦無心保全其身。那是一種鋼鐵意志。如果遭遇這樣的敵人，你又豈能只用威嚇的氣勢就想讓對方屈服？」

接著，一隻毛色淡灰的老貓靜靜緩步向前。

灰貓說：「前輩，正如您所說，虎斑貓就算氣場強盛，也只是表象。表象就算稀微，別人應該也還是看得出來。我長年專注修練自心，既不表現出氣勢，也不和對手相爭，處於和平相處的狀態。就算遭遇氣勢強大的對手，我依然以平和的心去面對。我這樣的應對方式，就像隔著一層帷幕承受石頭攻擊，以柔克剛。就算敵對的鼠輩武功高強，也能使其知難而退。可是今天這隻大鼠不僅不屈服於強大的氣勢，對我的和緩之氣也毫無反應，依然往來如神。我從沒遇過這等的鼠敵啊！」

老貓聽了灰貓所言，接著這麼說：

「你所謂的和氣，並非自然的和氣，而是為了特定目的而佯裝的和氣。你想藉著和氣去緩衝敵手的銳氣。可是，只要你心中一有如此念頭，敵人也能立刻察覺出來。你若是刻意想緩和場面，氣便會混濁，同時也會喪失生氣。當你刻意思考，自然的感受便會阻塞；一旦阻塞，絕妙之技又怎能應運而生？如果我能不刻意思考，無特定作為，憑著感覺順其自然而動，有所動作之前也無任何前兆，無形無狀，這時，世上也就沒有我的敵人。」

雖然我這麼說，但不表示在座各位的各種修練一無是處。修練的道理與氣乃是道器一貫[4]，外在動作其實也包含至極的道理，氣則是因應身體動作的主要功能。氣一旦臻至豁達境界，就足以應對萬事萬物而不窮。氣在和的狀態，就不會蠻力打鬥，即使與金石硬物相碰撞，也不會有任何損傷。但你只要有絲毫思慮雜念，所有動作都會是有意圖的作為，就不會顯現道理應有的本質。正因為如此，敵方的心就會不服，而你自己也會懷有敵對之心。也因為如此，我在面對敵人時，一概不用任何方法，而是心無雜念、自然去應對。不過，道無窮盡，請大家切莫以為我說的內容就是一種至極之理。

從前，我隔壁村子裡有一隻貓，成天都在睡覺，看起來毫無氣勢可言，根本就跟木頭雕的貓無異。沒人見過牠抓老鼠，但那隻貓的周遭環境卻從不見鼠跡，就算牠換了個地方也一樣。我曾經去拜訪過那隻貓，請教牠是如何辦到的，但牠從來沒回答過我。我前前後後問了四次，牠四次都沒給答案。後來我才知道，不是牠不回答，而是牠也不知道該怎麼回答。這就讓我悟出一個道理。通曉道理的人不知如何說明，而說明得頭頭是道的人未必通曉道理。那隻貓忘了自己是一隻貓，也忘了周遭所有事物。毫無殺氣之意，是一種武德的極致。牠那樣的境界，就連我也還遠遠無法企及啊。」

•

猶如置身夢境的勝軒聽聞這一席話後，走到老貓面前，雙手作揖說：「我長期修行劍術，仍未達至極之境。今晚聽聞各位的論述，我想我應該懂得了修行劍術的

4 在《易經》中，形而上的本體是為「道」，形而下的形象是為「器」，二者關係即抽象道理與具體事物間的關係，為一貫的思想。

極致道理。不過，還是懇請前輩開示這當中的深奧之義。」

老貓這麼回說：

「萬萬不可。我不過是隻貓，老鼠是我的食物。人類的事，我可不懂。不過，我私下倒是聽過有此一說——

所謂劍術，並不是為了擊敗他人而努力學習的事，而是你在面臨大事、判別生死時的一種應對手法。高手武士須養成這樣的心性，不修練劍術，則無法證明他的存在價值。因此，你要先徹底理解生死真理，心中不存偏屈。不懷疑，不迷惑，也不仰仗自己的聰明才智。心存和善，無有堅持，狀態常保深沉、平穩。如此一來，即可自在應付外在的變化。

你心中若是對事物稍有執著，該事物的形狀當下便會立即顯現。當此形狀顯現時，即是敵在我在，雙方便立即產生相對與爭執。一旦如此，你便無法自在發揮技藝。一開始就讓自己的內心限於死境，你也就喪失了靈明[5]。如此狀態下，你又怎能明快果斷，決一勝負？即使你擊敗了敵手，也只是不知為何而勝的盲勝。這可不是劍術原有的旨趣。

對任何事物皆不堅持立場，並非頑空[6]。無心亦無形，亦無任何既存想法。你心中若是抱持絲毫的僵固思考，氣便會朝你抱持的概念偏傾。氣若是偏向你既存的想法，也就無法通融豁達。一旦氣朝一方過度偏頗，另一方的氣便會不足。氣過大則滿溢，氣不及則無法成事，兩者皆難以應對事物的變化。我所說的無物，也就是心中不依靠任何概念，無敵無我，我亦不存；遭遇外來事物脅迫時，只需適切應對，亦不留任何痕跡。《易經》說：『無思無為，寂然不動，感而遂通於天下故。』習劍者一旦了解這個道理，也就容易理解劍術的真理。」

勝軒聽完後又問，「何謂無敵無我？」

5 明潔無雜念的思想境界。
6 佛教用語，指一種無知無覺、無思無為的虛無境界。

老貓前輩接著說——

「因為我存在，所以敵人亦存在。無我即無敵。所謂的敵人，原是一種相對狀態。就像陰與陽，水與火。舉凡一切物品或存在形象的東西，必定都有相對應的存在之物。如果自己心中沒有任何物象存在，那麼，也就沒有相對性的物象存在了。因為沒有相對性物象存在，自然沒有比較的存在。這就是無敵無我的意思。

當心與物象同時忘卻於一種深沉狀態，那麼，便是與和融為一體。如此一來，即使你擊破敵人的陣勢，自己也不知道，應該說也不會知道。因為你不存在於那樣的意識當中，你只是憑直覺行動。

當心中處於無物的深沉狀態，世界便化為我心的世界。那是一種沒有任何是非、好惡、執著的狀態，是苦、樂、得、失皆依我心才衍生而出的一種境界。世間天地雖然廣闊，但除了自己的心之外，人應別無所求。

古人曾說，『眼內有塵三界窄，心中無事一床寬。』[7]

眼睛只要進了一點沙塵，就會張不開。人的眼裡原本沒有任何異物，可以看清一切，一旦異物入眼，也就看不清真相了。心也可以這麼比喻。」

老貓又說：

「即便身陷敵陣當中，肉體遭到千刀萬剮，碎如微塵，我的心還是屬於自己。就算當前大敵也無可奈我何。子曰：『三軍可奪帥也、匹夫不可奪志也。』[8] 你自心若是陷於迷惘，那麼便會助長敵人的氣勢。我就言盡於此，其餘的還請各位反思，自求答案。

老師僅傳他的技藝，教諭習藝者知曉道理，若要領略真意，還是得靠習藝者自己，這便是自我領悟，也可說是以心傳心，又稱教外別傳[9]。這與教諭的道理並無違

7 語出日本著名禪宗高僧夢窗疏石（1275-1351）。三界是佛家用語，指欲界、色界、無色界。
8 《論語》子罕第九篇。
9 教外別傳，意思是不以經文傳道，而是透過直指人心的特殊方式，以心傳心，使人直入悟境。

背，只是老師無法藉著言語傳達。這樣的狀況不是只見於禪宗[10]，從聖人的心法到武藝心術的細微末節，自我領悟所得皆是以心傳心，而不以文字傳道。

所謂的教，是師者僅對受教者自己無法明察的地方略作指點，好讓學習者自己領悟。老師並非只是教導的一方而已。師者要教導不難，學習者聽聞教導內容也容易，但難就難在於學習者要能了解自己心中所得，將老師所教的內容轉變為自己所得之物。這就是所謂的見性[11]，也就是發現自己的本性。開悟就是從妄想的夢中覺醒，亦稱覺悟，這兩者的意義是相通的。」

10 禪宗的傳承據說是釋迦牟尼佛在某次法會上拈花微笑，席間眾人只有摩訶迦葉能領悟佛意，因而得到佛陀的付法，開啟了禪宗「以心傳心」或「教外別傳」的法門。

11 佛教用語，面向自己的心，即見自己各種的妄想感覺，意即看透自己固有的本性。

天狗藝術論

大意

人是動物。在行善與不行善之間選擇時，必會選擇不行善的一方。當你不生此念，必生他念。善變即是人心。

要能徹底見心悟性，遵從與生俱來、發自本心的自然法則，就必須深思心術，不斷在學問裡反覆練習。對初學者而言，所謂聖人，不外就是在所謂的六藝[1]上建立基礎。不斷累積修習六藝，才是探討大道心法的開始。

自幼勤學六藝的人首重心術，如此一來，自然會遠離穢言鄙語，不會玩物喪志，更不會扭曲心性，危害己身。

當六藝到達一種境界，心術自會予以證實，幫助你步上大道心法。決不能輕忽

1 禮、樂、射、御、書、數，古時認為聖人必備的才能。

六藝當中的任何一藝。千萬不能誤解「以藝釋道」的道理。

卷一

從前，有一位習劍者想起源義經在還名為牛若丸時，曾經深入鞍馬山，拜見當地的大、小天狗習劍。牛若丸在習得劍術奧義後行經美濃國[2]，在赤坂停留過夜時，遇到了名叫熊坂長範的強盜。他獨自擊退了大盜群惡，這段故事也流傳後世，是為牛若丸擊敗熊坂惡勢。

這名習劍者說：「我一直有志深入研究劍術，就算修行了這麼多年，還是沒能參透當中的深奧道理，內心始終無法滿足。我心想，不如我也深入鞍馬山，看看能否遇上天狗，傳授我究極的劍術之道。於是，我常在半夜獨自走進深山，心中也有或許未能如願的覺悟。不過我還是端坐林間石上，數度呼叫天狗。我每晚反覆如此，

2 約是日本現在的歧阜縣。

就是不見任何回應。」

終於，某天夜裡，深山中吹起一陣怪風，令人毛骨悚然。空中隨後出現幾個紅臉、高鼻，身帶翅膀，模樣怪異的人形。他們在雲中相互擊劍，叫聲也令人畏懼。

過了一會兒，他們在杉林間的樹梢上坐下。

其中有一「人」這麼說道——

原理是無形、無狀的，將它裝進容器，它就會是那容器的形狀。如果沒有容器，就看不出原理的作用。太極[3]的奧妙就在於陰陽變化，而人心天理，則以四端[4]之情呈現。劍術即便是一種決出勝負的技巧，但探究箇中道理，也是心與身一種天生機能的絕妙行為，沒有其他。

然而，初學者很難達到這個境界。因為古人教授劍術的方法不過是讓人順從身體自然的本質，用盡各種縱橫順逆的技法，以易制難，鍛鍊筋骨，學習手腳如何運用自如，在必要時能夠應對變化而已。

一旦技巧熟練，心智剛強，技藝便能運用自如。技巧是一種氣的修練，而氣則是驅策心的一種動力，以及進而運用身體的要素。氣生生不息，不曾停滯，重要的是氣要能剛健不屈。

技巧當中蘊含極致的道理，當然也符合氣本有的機能。技巧熟練，能讓自身的氣與技巧相互融合，顯現出技巧包含的原理。當你的心一以貫之，無所疑慮，原理與事實合而為一時，氣自然會內斂，進而氣定神閒。如此一來，施展技巧便能毫無阻礙。這是自古以來修習武藝心術的方法。因此，對習藝來說，修練相當重要。技巧若不熟練，則無法與氣融合；而技巧與氣融為一體，則能自然成形。心與形若是各自為政，技巧便無法自在運用。

3 宇宙最原初的秩序，在陰陽未分的混沌時期之後出現，而後形成宇宙萬物的本源。

4 語出《孟子．公孫丑上》，是指惻隱、羞惡、辭讓和是非之心，分別是仁、義、禮、智的源頭。

另有一聲音說——

刀用來切物，槍[5]則用來刺東西，除此之外別無它用。人的身從氣，氣則從心。心不動，則氣不動；心平，則氣和。氣在平和時便順從於心，技巧也就能自然施展運用。你的心中若有顧慮，手腳施展就難順暢。技藝若是被心牽制，氣也會受阻礙，無法融合。就算你心相剛強，也會因為心中有顧慮而虛，進而因虛而弱。你的意志若僅仰賴心相剛強，那就會像風吹大火，進而燒盡薪柴。氣若是先行，則容易煩躁；氣一緊收，則容易凝固。自我防禦時，若只是被動等待敵方有所動才應變，反而會困住自己，無法前進，此時便容易被敵方玩弄於股掌間。防禦是為了攻擊，而攻擊則是為了防禦，若誤解箇中意義，將會大大傷害原有的意圖。技藝未熟練者若是既想防禦、又想攻擊，那麼在遭遇強勁對手、眼看將被擊敗之際，就算祭出大刀，也難取勝。這就是意圖在先而敗的原因。

對技藝不純熟的人來說，既不知道如何運用所學的技巧，意圖也沒有念及攻防，面對天生高手時，甚至不知恐懼，但也不會視對手如蟲蟻，既不會刻意增強心力，也無須刻意凝聚收氣。他們只須從容面對敵手，不做多餘思慮，心與氣因此也就無有窒礙。

與其稱他們為兵法高手，不如說他們是以氣致勝。就算面對如洪水般襲來的氣勢，他們的心志也無停滯，只是單純地順從自己的血氣而行動，可以無知、無欲地面對一切而已。

劍術原本就是自然運用身與心的能力，往來無痕跡。劍術並非在運用「劍」這有形體之物本身具有的能力。即便你僅有絲毫動念，氣也會成形，而敵方就能藉此攻擊你所呈現的形體。

心平，氣即和；氣和，則意念流暢，自在無形；不用逞其剛強，剛強也就自然

5 古時的槍是桿端有尖刃的長柄武器，以突刺作為攻擊動作。

存在。心如止水，亦如明鏡。偶爾心有動念，心靈便會有阻礙，自在也就不復存在。

如今的習藝者沒有理解「心體不動，則能運用自在而無礙」的道理，常自以為是，心思全貫注在該如何巧妙展現技巧。這也是無法習得武藝心術的癥結。武藝心術的境界廣闊無邊，就算窮盡此生一招一式地修行學習，也無止境。習藝者若抱持正心，專注於一藝，那麼也能通曉其他技藝的奧妙。

•

又有一「人」這樣說——

刀用來切物，槍用來刺東西，這是理所當然的道理。但道理太過理所當然，反而會導致人不知如何運用這些器物。切東西有切東西的技巧，刺東西則有刺東西的。人若不知這些技巧，也就無法正確運用這些器物，進而產生偏倚。一個人就算心志剛強，但身若是不順從自己的心，朝不該走的方向前進，進而違背技藝的道理，爾後便無法在該運用的地方施展自己的技藝。就像您所說的，言語詞句若不精確，也就無法詳細傳達原本有意傳述的道理。

假如請禪僧執政，同時由他指揮軍隊攻敵，即便他心體有所開悟，又該如何建立功績？禪僧即使心無煩勞、亦無妄想，若是技藝不純熟，即使心體開悟也是毫無用處。

眾人皆知如何拉弓、放箭。但若不知箇中道理，技巧也不純熟，隨便發出一箭是貫穿不了堅實的木板的。持弓者須先端正心志，而後端正形體，如此一來，氣必然充盈身體。射箭者不違悖弓的本性，與弓融為一體，如有天地之氣充盈，引弓拉箭時必然氣定神閒，不動雜念。心無雜念，而後放箭。放箭後一如往常，回歸自身。箭矢射中目標後，靜心收弓。這正是習得弓道的道理。以這個道理將箭射向遠方，即能貫穿堅硬的標的。弓與箭雖是以木竹製成，但你的精神一旦與弓箭融為一體，弓箭便如有靈氣附體，巧妙之處就在於此。

這不是單靠思考就能收穫的結果。你就算知其所以然，也必須徹底用心，熟練技巧，才能通曉這些奇妙之處。你必須先端正內在的心志，而後端正外在的身體，不使筋骨僵硬，那麼正氣便能充盈全身，拉弓才能強而有力。若日常生活中無法氣定神閒，又恃才傲物，不正其道，那麼硬以蠻力張弓時，便違反了弓的本性。如此一來，弓與身體一分為二，精、氣、神則無法相通，結果便會妨礙弓的力量，接著便氣勢盡失。否則，箭應可遠射，也可貫穿堅硬的目標。

日常生活中的人事相處也是同樣道理。你若心志不正，行為必失當，如此則必無法對君主忠義，必對父母不孝，對親友無信，此後必受眾人所侮，必遭他人嫌惡，無法在人群中立足。體內的氣若不充盈，人必然會生病，心必會疲乏，進而導致自己心生恐懼，無法面對一切事物，理屈而無法行大義。人若是悖離萬物本性，也必然會遭人情背離。一旦與萬物本性不和，必起爭端。心性若是躁動、多疑，必然無法決定事情。人若有任何動念，心則無法平靜，誤事大多因此而起。

心不動，氣則不搖。技藝是順著自然形式而生的，所謂的道理，本來就僅是為了教導之用。這麼說，不是在暗指修練技藝既費時又無用。道理的傳達本是由上而下，修行，則是在日常中由下而上尋得道理。人的本心並非不善。人心若無情與欲的誘惑，精神便無有困擾，待人接物便能無礙。故大學之道在明明德，中庸之道在率性而為。這裡由上而下說明廣大的本性，也是習藝者追求的目標。

但人的平凡之情、妄想之心，以及易受迷惑的根性之深，還有後天的氣質變化，都會直接反映出人自身的靈明狀態。於是，有格物致知、誠意正心、自反慎獨[6]受用之說的修行。而這裡所說的習藝熟練，就像是一種等待的過程。

劍術也是如此。當你面對敵人時，忘生，忘死，忘敵，忘我，心無動搖，亦無思考，無心而委其自然，讓身體自在變化，那麼技藝至此則能運用無礙。當你置身

6 「自反」，意指檢視、反省自身。「慎獨」語出《中庸》，「莫見乎隱，莫顯乎微，故君子慎其獨也。」意指人在獨處時更應謹慎自重。

敵眾間，前後左右皆逢砍殺，突刺進攻，此時化自我為微塵，氣收而神定，分毫不動，有如子路冠正[7]，空手被殺。這則是劍術的極致。然而，技藝基礎若不熟練，你也無法步上此道。你必須鍛鍊己氣，修練自心，在困難中熟練技藝。若是沒有這麼做，便無法達到這般境地。如你所言，在引導初學者時，別讓初學者誤解你所稱的無心與心頭無物就等於惰氣和平靜。

所謂敗敵，意味攻者氣剛健闊達，如將敵方踩踏腳下；既不迴避敵方的銳氣，也不窺探對手的虛處，只是一心面向敵方，氣勢如同落下的巨石直切敵營。不過，攻敵者若是只有滿溢的氣，卻毫無技法，只求施展技藝，那麼就容易落入敵方的陷阱。再者，若不知自身形體的優缺點，也容易造成誤判，因此形體也需學習，確保攻敵時自身也不失守。讓自身的氣不凝止，也不被氣所困，進而忘卻生死，才能攻守自如。

以氣敗敵，以心亦可，心氣合一更可敗敵，二者是同一道理。這是初學劍術的入門道理。持劍者一旦氣弱，稍有疑惑，劍術便不可行。氣是一種修練，也是去除心中疑惑的一門功課。而且要成真本事，仍需做足功課，明其真理，平穩自己的銳氣，不斷修練累積。但尚無技巧的初學者若只專心於練習，則容易損傷筋骨，徒勞無功。

•

一位大老天狗，鼻子不長，羽翼也不豐盈，他衣冠整齊地坐在眾天狗之間的上座。

他接著說——

各位的論點皆有道理。古人篤情，志有所向，技藝精健踏實，意志不屈，也不怠惰。他們相信自己的師父所言，日夜不懈怠，勤於練習技藝。若有疑問，必會向朋友討教。技藝熟練，必能領悟其中道理。徹悟道理，深化於心。師父在最初傳授

7 《史記》記載，子路遭石乞和盂黶圍攻，帽帶在打鬥中被對方的戈劃斷。這時，子路說：「君子死而冠不免。」，意思是君子就算臨死，也不能讓自己衣冠凌亂。接著子路便在重新綁好帽帶之際，慘被對方刺死。

技藝時，不會明說技藝當中的道理，只是靜待弟子能自行領悟。這就是孟子所說的「引而不發」[8]。這不是師父吝於教導，有所保留，而是不明言，期盼習藝的弟子能在這期間苦心練習，熟練技巧。弟子盡心勤學技藝，自行修得之處，必問其師。師父也僅回答他滿意之處，而非以言語教導弟子。這並不僅止於武藝心術，子曰：「舉一反三」，就是古人的教導方法。自古以來，學術與武藝心術的深奧之處就在這裡。

現今的人意志不堅定，年輕力壯者多好逸惡勞，棄繁從簡，急功近利。為人師者若還是依照古法教授，恐怕就無人想向學修行了。如今為人師者不厭其煩地細說原理，明確引導目標，習藝者反而正因為如此而覺得無聊，繼而無意學習。他們誤以為古人所言不足，進而無心修練，卻想一步登天。然而，指導學子就像駕馭馬匹，既要防止他偏向旁門左道，也要協助他走上正氣之路。

習藝者若一心只思考技藝，氣就會停滯，無法融和，這就是捨本逐末。但也不可誤解，以為這是要人捨棄所有的技藝修行。技藝為劍術所用，捨去技藝，又怎能實現劍術的原理？修練技藝，是為了領悟劍術本體；一旦領悟劍術本體，運用技藝便能悠遊自如。劍術本體與技藝運用實則出於同源，兩者毫無間隙可分。習劍者或許能從頓悟中懂得其中道理，但若是不熟技藝，氣有阻礙，便無法自在施展技藝。

技藝源於劍術原理。無形之物為有形之主。故以氣修技藝，以心修氣，這就是順序。技藝熟練，則能使氣不躁，而後定心。船夫握舵行船，就像常人走在大路上。船夫看似沒在思考，那是因為他熟知水性，知道自己就算落水也不至於喪命。這就是所謂的氣定自在。樵夫揹負沉重的柴薪，沿著山間窄道而行；鋪瓦師傅登上高聳的天守閣鋪設瓦片，他們都是因為技藝嫻熟，因而心無恐懼。這就是氣定神閒而自在。

劍術也是如此。一旦劍術技藝嫻熟於心，心中也就無礙、無懼。氣活而神定，

---

8 《孟子》盡心篇章句。

劍術應用便能變化自在，無有阻礙。說到這兒，氣的修練也唯有當事人自己才知道。習劍者到了這般境界，能有自信也是理所當然的。能以無心之態自然應對，往來不留痕跡，妙不可測的高手，皆是心體相連。這是無法以理性思考說明，也不能以言語解釋，更非師父傳授就可得的境界。這是唯有習藝者自行修練累積，而後自然到達的境地。為師者能教授的也只是他的道理而已。這無法簡單而論，所以罕有人能到達這般境界。

•

接著有天狗提問——

所以，這是我輩之人再怎麼努力修行，也無法到達的境地嗎？

老前輩這麼回答——

你怎麼會認為無法到達如此境地？只要努力學習，你也能成為聖人。更何況劍術不過是一種小技藝。劍術，大體而言，就是氣的修練。所以初學者鍛練技藝，以修練氣。若不以技藝練氣，初學者如何修練？練氣至熟，可達心性，但這時間會有快慢之分，因個人天資的聰穎或駑鈍而不同。知道心性的妙用容易，但要徹底了解、掌握自己的心性，進而自在變化應用則難。劍術是生死分際時所用之術。捨生赴死容易，為生死兩分而鬥則難。不分生死者，運用劍術才能悠遊自在。

又有天狗隨即問道——

那麼，像禪僧那樣在精神上超脫生死的人，對劍術也能運用自如嗎？

老天狗回答——

劍術與禪宗的修行主旨本來就不相同。禪僧厭於輪迴，悟道於寂滅[9]，內心已將自己置於死地，超脫生死之念。故身在大敵當中，自比微塵，自心已完全不受動搖。

9 寂滅，意指遠離煩惱，得悟脫離輪迴，進入永遠的死後世界。

但這樣的念頭對生存其實毫無用處，不過是不厭死而已。這個和聖人的生死一貫之理並不一樣。聖人之於生而生，之於死而死，二者不分，唯隨義之所在，而盡其道。是盡其道之極致，以此為自在之理。

又有天狗問——

您上面說生與死兩者皆無法捉摸，但為何又說這樣的觀點對生沒有幫助，卻又說它能成為自在之理。這到底是什麼道理啊？

老天狗這麼回答——

聖人與禪僧的所求最初就各有不同。僧侶是以寂滅為主，不因求生而關心技藝，好死才是他們的唯一所求。求生的技藝並無法使其自在。但聖人之學不因生死而有二心。因生而盡生之道，當死則盡死之道，不因生死而有絲毫動念。故聖人生自在，死亦自在。禪僧釋義，將宇宙萬物幻化，視世間為泡影，故禪僧盡生之道，以生為執念，將此視為禪僧平凡之舉。禪僧遠離父子關係，不侍奉君臣，不求官祿封爵，不因戰而備武，將聖人所說的禮、樂、刑、政都視如兒戲。生時不備劍戟，關心又有何用。當死之時，不惜此生，視世間一切唯心，皆為幻影。

又有天狗問——

自古以來，也有和禪僧相遇，因而參透劍術究極原理的劍術家。這又怎麼解釋？

老天狗這麼回答——

禪僧傳達的並不是劍術的極究之理。禪僧因為內心沒有執拗，所以無需應對萬事萬物。若是對生有執著，生便有所困；若他心中有絲毫三界[10]窠窟之念，也只是表示他此生的作為有了差錯而已。你所說的習劍者，長年志在修練武藝心術，亦不深眠，盡極修練之事，但無法在面對勝負時放開自心，自我怨懟多年。他之所以能在與禪僧相遇後悟得生死之理，聽聞萬法唯心識所變[11]，自心瞬間茅塞頓開，脫離過往

10 如前，指欲界、色界、無色界。

11 《華嚴經》：「唯心所現，唯識所變」。

所有依賴，從此能自在運用劍術，完全是因為他長年修練自己的氣，以心鍛鍊其技，所有作為不為器物所限的緣故。這絕非一朝一夕就能達成的。就像禪師也無法以一棒擊身，就令人頓時開悟。武藝未臻熟練的人就算遇見名僧知識之人，也未必能聞其道便立刻開悟啊。

卷二

即使是僧形[12]在街頭賣藝，或雜耍者轉盤子，所有技藝都需要經過修練，才能達到極致，進而以當中的美妙之處引人注意。天地之大，日光月明，四時運行，寒暑往來，萬物生殺，皆以陰陽變化稱之並不為過。這當中不可思議的作用，絕非言語就能道盡。天地間的萬物皆因氣而生存。氣為生命的始源，當氣離開形體，即為死。生死不過是氣的變化。

知道生之始源，即知死為終結。明白生死的道理，就能通幽明鬼神，成為一體。所以現在你知道自身所處，生時就能自在，死時亦然。

佛家對生死輪迴甚為敬畏，故以虛幻解釋世上所有事物造化，斷其自我意志[13]，

---

12 彼時身著袈裟，光頭有如僧侶，手持響板或竹製樂器，唱著歌或變魔術的街頭藝人。

13 一般意志，即「色、受、想、行、識」這「五蘊」當中的「行」。

捨離自我意識[14]，五蘊皆空，所以成佛。聖人之學，不畏懼再生輪迴。氣將盡時，回歸一切。修練其氣，明白其心。

•

生死的道理或許容易理解，但人的一生不過是短暫留名。這是一種心的迷惘。心之所以迷惘，是因為不知其所以，所以精神上常因此痛苦而不自知。

有天狗問道——

這個究極的天理我們難常聽聞，希望前輩您能多談談，好讓我們得知修行的大原則。

老天狗這麼回說——

道理是眼不可見、耳也無法聽聞的東西。眼睛能看見、耳朵能聽聞的，只有道理的痕跡。依照這痕跡而得到領悟，則稱為自得。道理學問若無法自得，也就沒有用處。

雖說劍術不過是一種小技藝，卻也是一種心與身不可思議的技法。若要說劍術的至極原理，其實與聖人所謂的道理是一致的。雖然我自己也仍未到達這般的自得境界，但多少還是曾有聽聞。那麼我就轉述我曾聽聞過的，大家聽聽看，但萬萬不可聽過就忘。

身體這個形所乘載的心，傳遞著行動，這就是所謂的氣。身心的所有作為都受到氣的掌控，而氣的根本是心，心則因內藏天理，因而成為氣的主要因素。心的主體無形、無聲、無色、無味。因為有氣，心因此有所運用。心與身上下結合就是氣。人若有絲毫動念，都會傳至氣。心有任何感動，謂之情。思維的往來，是謂觀念。

人心中若是感動，本性遵循自然法則，只要心的靈明始終如一，氣就不會妄動。這就像水上行舟，隨流而下。船行水上，安靜而不見流動的痕跡，這是所謂的「雖

14 認知行為，也就是五蘊當中的「識」。

動亦不動」。

凡人在生死之念當中迷惘，如此迷惘無法根斷，隱伏於心，便會遮蔽靈明。心若有一絲動盪，潛伏心底的欲念便會躍起，情欲之念便壓迫良心。此時就像逆著洪水操槳行舟，浪濤波動，船搖不定。

劍術是決出勝負的技藝。常人在初學時，斷生死之念至關重要，然而要斷生死之念卻是非常困難。要斷生死之念，其實在於盡心，在於練氣。想挑戰這勝負的技藝，就要能不怠惰地練習，先置己身於殺身之地。熟練技藝，安定自己的氣，內心徹底明白生死的道理，不抱任何懷疑，亦無任何迷惑，那麼在追求劍藝的道路上，靈明便無窒礙，信念則無動搖。信念無動搖，氣則會因靈明而闊達、流動，自由自在，心之所傳亦無所阻，動作也能運用自如。所有動作隨心所應，速度之快，就像開窗時月光直驅而入，也像拍擊物品時，立刻就有聲音。

勝負是動作過後留下的結果。若我無此念，則無此相。有物相之念，便有物相之影。若形體無相，也就沒有相對的所謂敵人；若無他敵，那麼也就無我。有我即有敵。雖然無我，但你若是在面對來者的善惡邪正時有絲毫動念，就會像照鏡子般可見。但映照鏡中的並非你自己的模樣，而是照出你面對來者的意念。這就和有德之人在鏡中無法照出無德之人是同樣的道理。這是人與生俱來、不可思議的力量。鏡中映照的若是自己，那就是一種雜念。這樣的雜念會阻礙你心的靈明，氣便會因此滯怠，繼而無法自由運用技藝。當你無意施展超乎對手預料的技藝，仍能如神般自在出招，那麼，此時你就可稱為悟道之人了。

•

雖然大家都有高鼻、鷹喙和雙翅在身，但在劍術之外，為何靈明還會受阻？那些無法隨心施展劍藝的人，最初只專心於劍術，修養自心，鍛鍊其氣，忘卻自身的病痛和其他身外事，對眼耳前的事物一概視而不見，聽而不聞。這原因無須贅述，因為你們從不讓這些身外事物留駐心中。不過，就算已確實修得劍術，也得了解，自己其實更應廣泛接受身邊所有事物，如此一來，所學運用才能更加闊達。

明確來說，因為修練的技藝還不到程度，所以無法應用自如。這就像置於箱盒內的燭火，盒開一面，則有一面明亮，但火光無法照亮它處。即便箱盒有縫隙透光，旁邊依然都是暗影。這是世理的通則。初始先開一小洞，便會有一束微光透出；再擴大原本的小洞，光束便更有展延。修行也一樣。箱盒的洞口越大，照亮的地方便越寬廣。在座各位若是能從更高的角度看待世間萬物，打破箱盒，光便能廣及四面八方，心體則能運用自在無礙；如此，即便面對貧賤、患難、困苦等大敵包圍，心念也能絲毫不受動搖。就像從容持扇揮拍驅蠅，敵眾也將在你面前伏身，不敢抬頭仰望。若是能到達這個境界，就算大家的鼻子變短，沒了翅膀，猶能在天際自由翱翔。

身懷一種技藝的高人，日常就極其用心，這是極為明確的道理。這也是我為何專心此藝，有志深入此道的原因。在習藝上，有人偏重技藝，也只單單專注在那項技藝上，這樣的人則難深入那技藝的學理。有些專注於一項技藝的人雖對學理也感興趣，卻也視學理為次要；儘管偶爾會聽聽深奧的學理，但這對技藝不會有多大助益，對心術則是根本毫無幫助。

修行技藝之術，關鍵在於自得。日復一日修練，則有助於心。一旦到達這個境界，不論技藝或技術皆能運用自如。因此，習藝者在最初即須放棄所有執念。對一項技藝的學理與技術，心中想法若有任何偏頗，皆須去除。天下無物能動我心，於是一切皆能運用自如。

所謂的利己之心，並不是只會出現在金銀財貨或情欲巧偽這些事物上。即便你心無不善，但只要有絲毫執念，便是有私心。你心中若存有些許執念，身心便有窒礙；執念越大，窒礙也就越大。技藝至臻高段的人都明白，工作上若有私心，便會害己，因此絕不作出圖利個人私心的行為。修練心術者容易頓悟這道理，可在一念細微間修得其道。心術修行在於自己，修練技藝之術也是自己，二者在此不可能一分為二。大家對此也得深思熟慮。

•

現今時代，技巧熟練，氣平和，不為求勝而挑戰，不因失敗而懷疑，不陷於迷惑，氣定神閒，自由自在者所在多有。技巧熟練、妙用如神的人，也須依賴他學得的技藝，就如同行舟者立於船尾，鋪瓦者高登天守閣一般。這便是所謂的善於兵法。

又有天狗問——

該如何以道學來幫助武藝心術呢？

老天狗回答——

心不過是性與情。性是心的本體與生俱來的天理，它寂然不動，無色也無形。

情之所以有動，因為有正有邪、有善有惡。依據情的變化，我們可見到心的本體不可思議的作用，這就是天理與人欲二分的原因。這是所謂的學術。但為何能知道這兩者的不同之處？人心本來就具有敏銳的判斷力，還有不被欺騙、不受隱瞞、思慮清楚的精神。這是所謂的知。

世上並無小知才覺[15]之說。小知，產自意與識的過程。所謂的意，是心的知覺。意與識生自靈明，情則受個人好惡影響。意也有正有邪，有善有惡。由好惡之情發出的意而成就的技巧並無幫助，是所謂的小知。

源於本性精神的知，單純反映道理，是精神上單純的知，所以並無私心，故無善無惡，唯有精神上的思慮清楚而已。若遵從意與識，不為私心所用，如此即可控制情，繼而無所窒礙，心體亦能遵從天地法理而行。遵從情與心體，不受好惡執念

15 小知才覺，意為小聰明和微不足道的才能。

的窒礙，即便稍有恐懼動念，意與識以思慮清楚的精神調和之後，知則能有所作用。行為至此階段，意與識則皆無痕跡。是謂毋意[16]。

若有情欲推波助瀾，因而取巧，因而有偽裝，遭遇種種變化而不知其作為時，心則會有束縛，靈明也會遭受阻礙，這是所謂的妄想之心。凡人皆受情欲之心的控制，因為受到這妄想之心操弄，所以精神受困。

所以，學術就是為了去除妄想之心的困惑，讓人認識心體本有的天理，開啟靈明，不再受小知操弄，不受事物奴役，不放任世上事物帶來束縛，但也不厭惡之。雖然終日有所思，只要不受私心煩擾，即便是終日勞動，精神也不會困頓。順天由命，行使正義的心不變，沒有懷疑也就沒有困惑。自身保持誠信之心，無絲毫屈服之意，亦不為避除傷害而偽裝、操弄技藝，也不因利與欲而運用小知。生之時，委其生，而盡其道；死之時，委其死，而歸其安。天地變動雖大，此心不為所奪，萬物傾覆而來，此心也不為所亂；所思之道，無所滯礙，所為之事，亦無所依賴。

存心，養氣，凜然而立無所屈；無固執，悠然所居，亦無爭，無強迫。初學者應立此志，應對進退，眼見耳聞，皆應遵從這個道理，修練己心。

道理沒有所謂的大小之分，劍術的至極原理也是。所有的武藝心術關鍵皆在於修練，修練而自省，經由日常生活行為證明心術，武藝心術亦由內力自省相助相養，因而日益壯大。登高必自卑，由淺入深，武藝心術自古以來正是以此為得道手段。

若你已年過五十，手腳無法運用自如，或病痛纏身，公事繁忙，因而無法修練技藝；或者，雖無上述掛慮，自身卻感到有所不快，即便你手腳不聽使喚，頭也像被切為兩半，只要修練己心，便不會受影響，亦不分為二。你要先立志於前面所談論的內容，修練己心不為所動，開創生死一貫的道理，那麼天地萬物對你皆不會造成阻礙。就算你臥病在床或公事纏身，只要對心中所有感受、以及眼見耳聞的事物，

16《論語》子罕第九：「子絕四。毋意、毋必、毋固、毋我」，意指無私意、無強迫、無固執、無執念。

皆以主動與協助的態度面對，如此也可達成心的修練。若有閒暇，多與武藝心術高手相見，向他們學習，請教技藝的道理，並從自己心中得到證明。面對敵人時，盡量將自己的技藝發揮至極限，有如從容赴死。如此一來，再無它慮。

武士最重要的，唯有其志不屈。人的形體有老有少，有強有弱，有病身者，也有公務纏身之人，這都是所謂的天命，並非你我能控制。唯有自己的心志，就算是天地鬼神也無法奪走。所以，天命就交由上天處置，而自己的心志則由自己執行。小人怨天尤命，不做努力。但我們無法控制天命。與其煩惱自己的知力有未逮，讓自己困在折磨自己的精神中才真是愚昧。

又有天狗問道——

我有許多孩子，年紀也都還小，他們可以如何修得劍術？

老天狗接著回答——

從前的小孩從灑掃、應對進退開始，在熟悉六藝之後，廣受知識學養，開始學習心術，涵養其身。孔子門下諸賢長時間學習六藝後，實證其道學的弟子眾多。對於年紀不到、又尚未熟悉事理的人，不應讓他們先學到小知小慧，而是要他們依個人程度的差異，遵從老師教導，以努力補足自己不及他人的短處。讓他們勤於學習手腳工作之事，強其筋骨，提升其氣，修得其心，窺探究極之理。這是修行的順序。

二葉芽之木還無法用來作為柱子，需有旁邊的支撐，姿態才不至於長成彎曲。年幼者初學時，不可讓他們的心志步往邪道。他們的心志若是偏往邪道，就算只是在遊戲中，技藝也會步向邪道。心無邪道之思，正道便不會受傷害。天地之大，即便在天地間也罕見無用之人。但邪道足以傷害年幼者的心及本性，人的心及本性若是傷損，便會成為無用之人。

人的本性皆善良，除非打從出生便受邪道教養。在孩子仍然無知時，若不給予薰陶，便會傷害他們的本性，陷他們於不善之地。邪道是人性欲望的根本。小人以利己為本心，當事有己利時，他們也不會知道那就是邪道。當事無利於己時，就算是正道，他們也不知道何謂正道之事。小人其心無正邪之分，更不知該如何分辨正邪。

所以學術的存在，就是為了抑制人性欲望的妄動，讓人明白身心天理原則的神奇之處，由此知道如何審視、辨別正邪，除去妄想之心的邪惡，而後便無害自身心性本體。這些道理還不至難於登天，也不至於深不可測。當邪道不存，天理自然昭彰。邪惡之念稍有退縮，天理自會些微顯露；邪惡大退，天理自然大進。我們最好由自心開始體驗這個道理。

劍術也是同樣的道理。習劍者初學時若是對劍術毫無理解，認為就算無心，技藝也能自然反應，甚至還能以柔克剛，認為技藝修練不過是枝微末節……說了這些，如果你都還不仔細思考，就會在不知不覺中變成怠慢，也不會察覺自己沒有腳踏實地，那麼你也就徹底失去當下與未來了。

卷三

有

天狗接著問——

請問，該如何解釋「動亦不動，靜亦不靜」呢？

老天狗的回答如下——

人是動物，不可能要他不動。但是凡人日常生活雜事繁多，心若是能不受外在事物動搖，無欲無我，則能泰然自若。就以劍術來說，當你被敵眾包圍，若在移動打鬥之際和生死之間猶能氣定神閒，不因敵人眾多而動念，就是所謂的雖動不動。

你應該常見到騎馬的人。擅於騎馬者，雖然馬兒奔馳，但你只見他從容不迫，泰然自若，騎馬的姿態定靜而無動搖。這在旁人看來就有如人馬合一，原因無它，不過是騎者抑制了個人的意，不去違悖馬的本性而已。縱然是人騎坐馬鞍上駕馭著馬匹，但馬也聽從駕馭者的操縱，不因駕馭者而苦，所以也能自在奔馳。馬忘卻了人，人也忘卻了馬，兩方的精神合而為一，可說是鞍上無人，鞍下亦無馬。看似動，卻不動，我想我舉這個例子，大家比較容易理解。

不熟悉馬術的人容易與馬性相違，所以自己也無法泰然自若。若是馬與駕馭者二者分離，駕馭者在鞭叱馬匹奔跑時，自己除了五體[17]齊動外，內在也會心力交瘁，而馬也會疲於奔命。有一本馬術之書就曾這麼歌詠馬匹：

打ち込みて　ゆかんとすれば　引きとめて　口にかかりて　ゆかれざるなり

馬兒疾速跑　如何止其腳　雙手拉其綱　不使往前跑

這首詩歌從馬的立場道出了馬的心聲。這個道理不是僅適用於應對馬匹而已。當你必須指使他人時，也須以這樣的心對待他人。對於世上所有人事物，你若違悖其道理，利用小知驅使對方行動，不僅會讓你自己陷於忙碌，也會造成他者困擾。

這指的即是雖靜不靜。當喜怒哀樂之情未發時，心體皆空，無一物存在。人在至靜無欲時，無論遭遇什麼，皆能應對，絕無窮途之境。以靜制動，是心之本體。因為應對事物而有所動，則是心之所用。讓身體沉靜，遵從道理，則成靈明。因為明白了道理而產生的行為，自然會遵從自然法則，而後則可應用於萬事萬物。道理與行為同出一源。這就是所謂的雖動不動，雖靜不靜。

以劍術來說，就是當你手執劍戟面對敵人時，如果此時你的心靜如深潭，不懷惡意，無所畏懼，便不會不知所措；面臨敵人攻擊時，便能應對自如，毫無阻礙。身動而心靜，這是人在身體動作時不可或缺的條件。物體入鏡時，鏡中會隨物體入鏡而改變；物體一旦離鏡，鏡裡也就沒有物影停留。這就像水與月，身心靈明也與

---

17 筋、脈、肉、骨、皮毛，合稱五體。

這個關係相似。凡人在行動時，會因外在的牽引而迷失自我；安靜時，又因心靈空虛而無法應對外在事物。

•

而後，有天狗問了——

前輩您說的水與月的關係，是在說明什麼？

老天狗接著回答——

無心也是應對自然之理的適當態度，雖然有許多來龍去脈和各種方法可用於說明，但我在這裡只是拿水面與月亮的關係做個譬喻。過去有位皇帝曾在他廣大的池畔寓所吟詠了這麼一首和歌：

うつるとも　月もおもはず　うつすとも　水もおもはね　広沢の池

月不思映水，水不思映月。水面廣澤，水月相映。

這首和歌的含意，應該是他領悟到在無心的狀態下，該如何適切地應對原本就存在的天理吧。

再說，明月高掛天上，天底下的萬川百江於是各自皆有一輪明月照映。明月的光芒不會因照映萬川百江而被瓜分。無水，則無法映照月影，但也不因有水，才會有月光照映。月光照映萬川，有時也只映照一面池水，儘管如此，仍無損月亮的存在。而且，月光也不會以水面大小選擇照映與否。我借用水與月來譬喻，希望大家能藉此體悟心靈本體不可思議的力量。

水的清濁對水月是否相映照，其實完全不重要。然而月亮有形、有色，人的心性則是無色、無形。以形色比喻，則容易理解無形無色。所有的譬喻都是如此，若是太過執著於譬喻，可就如同在心裡鑿了個洞了。

．

又有天狗問了——

各個流派都有殘心[18]這個說法，但我無法理解。所謂「殘心」，說的又是什麼？

老天狗這麼回答——

殘心，說的不過是習藝者勿執著於技藝，心的本體莫受動搖。心的本體不受動搖，便能保持靈動狀態。日常中應對事物，皆應如此。就算將對手打到地獄最底層，我仍然是我。至此，前後左右，無有障礙，自由自在。

所謂殘心，意思並不是殘留於心。心中一旦有所殘留，心則會分為二用。心體的狀態若不明暢，老是分心，那麼你的劍術也只是瞎打瞎刺罷了。所謂的明暢之心，會在你的心處於不動念的狀態時生成，也是明白自己擊劍所刺所擊之處。這個道理很難以言語表達。這個心得若是誤用，將會釀成大害。

各個流派也皆有先發制人一說，但這個說法只是為了增長初習藝者的銳氣，鞭斥其怠惰之氣。事實上，心之本體不動念，自身狀態便不會迷失。當自我充滿浩然正氣，隨時都是我方先發制人。但這不是要我方先用心於先發制人。

畢竟，劍術的重點在於藉培養生氣，以除去死氣。在懸心中等待，在等待中懸心，無不是在應用本已存在的自然法則。先發制人等諸多說法，都只是為了讓初學者能理解而姑且使用的詞語。雖動不動，雖靜不靜也是這個意思。

要讓初學者理解氣的剛柔如何運用於技藝，就不得不以言語說明。所以，教導者會賦以名稱，但這僅限於教授技藝時。一旦教導者執著於「名稱」這說明之詞的字面意義，就容易讓初學者誤解本意，而且還未必能理解教導者說明技藝的詞句。

18 在劍術中，是指擊劍者在出招後，仍持續保持準備迎接對手出招的心。

總之，對於無法理解教導者所言大意的初學者，除了以言語解說，再無其他方式。萬物之理皆是如此。真能理解教導者所言大意的人，跟那些因為不懂、而以為真理是不傳的祕密的人是有別的。前者對於自己的所見所聞，都能馬上理解。

•

就像先前所述，身心的所有動靜都是氣的作為。然而心是氣靈所在，氣只有陰、陽、清、濁之分。氣清，則可活用所學技藝。氣濁，則停滯，不利技藝應用。技藝動作順從於氣，因此，劍術首重氣的修練。氣活時，技藝運用則輕、則快。氣濁時，技藝應對則重、則慢。

氣貴在剛健，但若偏用其剛而不和[19]，則易挫其氣，無法發揮技藝。氣若偏，則必有虛，技藝亦無法發揮。氣動，貴在和；氣若不剛健則流失，乃至衰弱。弱與柔不同。柔主氣，不為所用；弱則無力，而無所用。怠惰和休息也不一樣，休息不離生氣，怠惰則近於死氣。

氣僵固且緊密的人，因為對氣有仰賴，因此即使想放鬆也困難。有人的氣會因意念而穩固、稠密，也有人因為陰[20]，而使得氣僵硬、緊繃。氣若受任何原因影響，技藝便無法迅速施展。所以氣僵固且緊密的人，技藝應用的速度則較慢。

一個人的氣若是先行於技藝運用，技藝施展則會顯得煩躁；雖有陽盛之氣，卻無紮根之實，這樣的人必然會顯得輕率且不安定，如同秋風一吹，枯葉便飛落。氣濁濕者，則會顯得沉重難動，技藝運用則慢。

固執於氣者，容易將氣固鎖在自身，停滯不動，所學技藝的運用會越來越慢，就像水被凍結，無法融解。在這樣的情況下，心念會凝結，氣也會凝固。這裡所謂的心念，其實也就是氣。但受意識支配的，是謂心念；不受意識支配的，是謂氣。

19 安穩、柔和。
20 被動、消極。

上述這些，各自還請試行修得。

剛柔變化，自在自如，技藝的運用便無窒礙。這個道理不只適用於劍術，亦可通用於學術。你若能修得剛柔變化，自在自如，那麼心體也能運用無礙。心體的絕妙運用既無跡可循，也無法以言語傳達。所以，劍術修行就是氣的修行累積。心體若有領悟，也可透過劍術修行得知。然而，學術若只是以頭腦習得理論，卻無實際身體力行，恐怕只會讓心體與氣俱為空談，毫無幫助。就算修行得氣，習劍者若只是為了運用劍術才修行，就算心中對氣有領悟，如此領悟恐怕也只是依附於劍術，未必能延伸到日常行為。心與氣是為一體。你若能身體力行，了解、並修得此大意，即便修行未臻成熟，對靈活運用所學技藝也會有某種程度上的助益。

你若是去探究各個流派的究極之理，會發現所有原理無非殊途同歸。各流派的先覺者各有修練方法，只是會以較容易入門的方法教導入門弟子。

然而，入門者大多容易執迷於修行過程中的經驗，執迷於自以為的真理，以至於眾多修練方法最後陷於爭論孰是孰非的分歧。究極之理，實無所爭。但各流派只看見自己想看見的風景。真正的究極之理並無二分，甚或三分。有所不同，也不過是當中有善有惡，有正有邪，有剛有柔，有長有短，末端之論其實並無盡頭。

那些認為自己的領略他人才不會了解的人，真可說是愚者。我有我的靈明，他人也有他的，天下豈有我獨得道、而他人皆是笨蛋的道理。所以，無需隱藏自己所學。

所謂的學術也是如此。老子，佛祖，莊子，列子，巢父，許由[21]的門徒，皆無我、無欲，心體所見都是同一道理，因此完全不受私念束縛。每個人的習道過程所見各

21 巢父、許由皆為中國堯代盛世之士，拒絕堯的禪讓，歸隱山林。

有風景，僅僅是因為學理各有不同。

聖人之道，受惠於天，腳踏實地，但在山河大地間不留任何痕跡。就算是夫婦之間的愚痴小事，也能妥善處理。天下無不服仁義之人，亦無不信孝悌忠信之士。天竺[22]的佛教徒也是如此，無人未蒙聖人之澤，沐浴於仁義之中。就算學派不同，彼此的經驗也各有可到達的境地。因為天地萬物都是由上而下視之。不同的學派，也只是聖人的不同派別。這是無人能違背的道理。

•

有天狗問了——

清與濁，是為陰與陽。但為何留清而去濁？

老天狗回答——

濁當然也有它的用處。但劍術貴在快速，所以重點不在於陰陽。劍術用清於速，而不用濁於鈍。要讓物品乾燥，就是要用火，而不是水，這不過是因為水火、清濁各有用途。

人心有聰明、愚鈍之分，氣只有清濁。氣清，則本性清靈，不被物遮蔽，這是與生俱來的聰明者。心體不被虛靈遮蔽的人則不愚昧。只因氣被濁掩蓋，做出愚笨事，痴心妄想，也會駑鈍。氣因為被濁覆蓋，所以不明道理，是為愚；停滯而不動，是為遲鈍。這世上的凡人千差萬別，但那些覆蓋心體的濁氣，只有深、淺、厚、薄之分。

心是氣的靈魂。氣在，心體便自然存在；氣不在，則心體亦不存在。這就像人乘舟行於水上。遭遇強風大浪時，舟船被風吹引，隨波而行，不知航向，舟船上的人自然也無法安心。這就如同氣濁妄動，心體便處於不靜。當風止浪平時，乘船者

22 印度的古稱。

就能如風起出發前那樣心中安定。

人的心若是起了邪念，就容易身陷危險。原因無它，都是因為氣濁而妄動之故。這就像欲望的洞穴噴出強風。人的欲望就如同濁氣，心若是不知變通又固執時，就有如陰氣凝固，會成為一股力量。心體若有騷動，就是沒有根據的陽氣在翻攪。心有恐懼者，氣則餒，無法充盈身體。無決心者，氣則弱且神不定。這樣的狀況則近於痴。這些都是因為氣濁所引發的問題。

然而聰明且篤實者，其氣之陰陽必然調和。天資聰穎、但行為不篤實之人，他的清明陽氣雖勝，但陰氣則薄弱。行為篤實、卻不具知性聰穎者，則是陰氣勝之，陽氣為薄。陰中有陽，陽中有陰，其中的過與不及、深淺厚薄，可說是千差萬別，無法一概而論。以此類推，一旦你仔細觀察，就能知道每個人都因為氣的陰、陽、清、濁的差異，因而產生不同性情。上至天地之大，下至蚤虱微物，當中若是沒有陰陽之氣，便無法成形，也無所作用。說到現在，我敘述的也僅僅是氣的概略而已啊。

有天狗問，那麼，氣該如何修練是好？

老天狗這麼回答——

其實只要去除濁氣即可。陰陽之氣，生生不息，變化萬千，這是天地萬物的根本。濁是陰氣的渣滓。氣若是被渣滓阻礙，便無法活絡。氣因為陽的助力，所以能動，但動得沉重且緩慢。這就像清水加了泥巴會瞬間成為濁水。既然成了濁水，也就無法用於清洗物品了。物品會因為濁水的灑洗而沾上泥垢。因此，學術為了喚起良知，就需要除去氣濁之處。一旦去除濁氣，氣自然能活絡，心的本體也得以顯現。此時，迷惘之心則會回歸本心。心體本來就無兩者之分。

氣就算有陰有陽，本源還是氣。既然氣有陰陽之別，那麼它的作用則會因其陰陽比重而有千差萬別。如果你不知道這本源仍是氣，而只單從陰陽作用不同去看，顯然就是還不知道自己追求的道是什麼。就算知道氣是唯一本源，但不知道陰陽作用不同，則可能偏離此道。此事唯有在心中不斷審視，詳細觀察，無法以言語詳盡說明。今天在此討論的事，大家若是透過心體仍無法參悟，那麼不妨如我前面所言，親身試過之後再以結果討論。

氣若存在心之本體中，應有如魚悠遊水中。魚因水深淺而能自在。但大魚若不在深水，便無法泅泳。水若乾涸，魚則受困；一旦無水，魚則死。就像這譬喻裡的魚，心之本體的自在程度也會因氣的剛健程度而有異。氣若乏，心體則憔悴；氣若不在，心體則無所歸。由此可知，水動，則魚驚；氣動，則心無安穩。

上述這些不僅限於勝負之事。一切事物，交付於天與託付於運，也各有不同。劍術常以勝負之理來論其究極，凡人世事應盡其義理，不計私利；做事不求目的，也無執著，此謂交付於天，也就是盡人事，聽天命。就像百姓務農，所作所為皆是盡力培育農作物。若是遇上洪水、旱魃、大風等凡人能力無法控制的災禍，是謂交付於天。但你若不盡人事，只是交付於天，天道也是不會回應託付的。

若是企盼自然能給予一切，那就是所謂的託付於運。對眼前面臨迷惘、卻又無法作出決定，這樣的人也可說是託付於運吧。

•

有天狗問——

心之本體無形、無色、無聲、無味，就算是神仙也預測不出它的巧妙運用之處，那我們又該如何修養自己的心？

老天狗回答——

心之本體無法以言語表現。心體僅僅是七情[23]之所動，意識知覺的所在，控制作為的過與不及，去除私利妄動，僅僅是用來運用本已具有、遵循著自然法則的器官。

為了修養心體，你必須發現良知。何謂良知？心體的靈明能明辨是非正邪，能通達天地神明，這就是所謂的知。世間凡人被妄動的濁氣蒙蔽，無法明辨全貌，但仍能在間隙中有些許發現，這是所謂的良知。一念之間，明辨是非，感受他人的真誠，打從心底知道自身無不善之意，了解自己內心的不快，指的就是這個。其情之所動，則心生惻隱，敬愛親人，慈愛其子，兄友弟恭，持續不斷，是謂良心。相信良知，並遵從其意，重視良知，則不會因為私念而生出害人的念頭。至此，濁氣導致的妄動便會自然平息，天理的靈明則會明晰顯現。

人的私念起於想獲取私利的心態。只顧自身利益，不顧是否會傷害他人，不行善而從惡，最終將導致身亡。心的修練與氣的修練並無不同。但孟子所論「我善養吾浩然之氣[24]」，說的是持其志，並沒有論及如何養氣。

•

有天狗再問——

佛家討厭意識之說，但為何要離棄意與識呢？

老天狗回答——

佛家的方法，我無從得知。意與識是驅動智慧的必要之物，我們不該憎惡。該憎惡的是那些只因情欲所需，而助長人遠離心之本體去追求私利的動力。

意與識就像軍隊中的士兵。當將軍被事物蒙蔽，因愚昧軟弱而氣勢盡失時，士兵若是不聽指揮，只顧個人私利，各以私謀擅自行動，那麼軍隊便無法團結，繼而因

23 七情在《禮記》說法中，是喜、怒、哀、懼、愛、惡、欲。佛家說法則是喜、怒、哀、樂、愛、惡、欲。

24 語出《孟子》公孫丑篇：「我知言，我善養吾浩然之氣。」

妄動而亂了陣腳，這樣的軍隊終將敗陣招禍。自古以來，就有大軍內部若起騷動則難鎮壓的說法。當意與識恣意妄為，助長了心中的世俗情欲妄動，此時人雖然自己明知不可為，卻也無法控制。但這並非意與識之罪。將軍有智慧與勇氣，指令明確時，士卒也謹慎受命，不會擅自妄動，聽從將軍指令，擊破大敵，備其所固，不為敵所破。是謂士卒受其命，將則立大功。

但這是意與識遵從心體的靈明，遵從本有的自然法則的知性作為，無私欲，以智慧為其國政而有作為。為何要憎惡意之所在呢？聖人說毋意，因為聖人之意從不任性而為，他的知與覺都來自心體，遵循著本有的自然法則，其意的作用不會留下痕跡，這就是所謂的毋意，意指無私意。

•

又有天狗問——

中國自古以來也有劍術的傳書吧？

老天狗這麼回答——

這樣的傳書我倒是沒見過。日本與中國自古以來都是氣主剛健靈活，不思生死，格鬥則以力為依據。我讀過《莊子．說劍》等篇章，也是如此。《莊子．達生》中談及紀渻子養鬥雞[25]的故事，實可說是劍術的究極原理。但《莊子》書中這篇並非在談劍術，只是在論氣的修養過程的生與熟。真理無二，能領悟道理極致的人，所言之物則通用於萬事。人如果有心求知，那麼萬事萬物皆可視為學問與劍術。

25 這故事的大意是，紀渻子受命為周宣王飼養鬥雞。十天後，周宣王問，這隻雞現在能否上場打鬥了。紀渻子答說：「還不行，因為這雞正虛浮驕矜，自恃意氣。」過了十天，周宣王又問，紀渻子答說：「還是不行。牠聽到其他鬥雞的聲音，見到其他鬥雞的影子，還是有反應。」再過十天，紀渻子被問時答說：「還是不行。牠的目光還是銳利，心氣依然旺盛。」周宣王再過十天又問，這時紀渻子終於答道：「差不多了。雖然現在牠對別的雞毫無反應，看似就像隻木頭雕成的雞，但牠的德行已經完備。別的雞無一敢上前應戰，見到牠無不轉身就逃跑。」

我讀過日本古代的劍術書，當中內容也並非全是高論，不過是淺論輕快習劍的技巧。這些討論大多也奉天狗為劍術始祖。念及在座各位天性武勇，在此就不必多作討論了。你們只需習藝、練氣，過程中各位與生俱來的勇武天性就能得到磨練。時至今日，世間已更文明，從初學就開始論及玄妙之理，這些玄妙之理其實就像是前人寄存至今的東西，可是今人的程度實則遠遠不及古人啊。學問亦是如此。

•

又問——

雖說劍術是靈巧運用心體的技藝，但為何這麼神祕？

老天狗回答——

理，是天地自然的原理。這世上沒有只有我懂、但別人不懂的道理。刻意將這技藝說成祕密，其實是為了初學者。若不當成祕密來傳授，就得不到初學者的信任。

這是教導者的方便之路。因此，設為祕密只是枝微末節，並非因為它有多深奧。

習藝者在初學時還無法辨別事理，無非只是看看聽聽；若是誤用了心得還自以為正確，繼而向他人解說，實則會造成危害。因此，若無法讓初學者真正理解其意，還不如乾脆不教。劍術究極之理，不限於同門，廣泛與他人討論，也無須隱藏。之所以將其道理設為祕密，其實是為開兵法方便之門。以祕密教導初學者，其實是助長初學者之氣的一種方法。

只是，旁觀者可能不瞭解這箇中意涵。若是教導者又厭惡傳授的內容被外人草率解讀、妄加批評，這時不如就將之說為祕密。至此，所有內容若被說成是祕密，將無法被討論。雖說所有事物皆遵循天下正道，無有隱瞞，但有時人也會吐露出無心之言，而成傷害。因此，某些種類的傳授內容變成了祕密，也是可理解的。

劍術與世事的道理是相同的，而且無可替代。劍術之理在於心之所用，精曉明辨邪正真偽，將學得之理施用於日常之事。就算你只學到邪不勝正的道理，也可算是大有斬獲。

·

心體的明快、不受阻塞，相當重要，而氣則重剛健不屈。因此，心與氣實為一體。心與氣若分離，就像火與柴分開。柴薪不足，火勢無法增大；柴薪若濕，火光也難明亮。

人身一切行為皆是氣之所在。因此氣剛健的人不易罹病，也無感於風寒暑濕。氣若是柔弱，則容易生病，也容易沾染邪氣。身若承受病痛，心也會受苦。醫書也說，百病皆由氣而生。不知氣之變動者，也不知為何生病。所以人需要修養剛健活達之氣，以為基本。

養氣有其方法。心體若不明快，那麼氣則會偏失運行之道，會有妄動。氣妄動，則失剛健果斷；自以為聰明，反而會阻塞心體的明快。當心體因受曖昧之氣的妄動而血氣旺盛，萬事運作便無法自在。這個血氣，是沒有根底的一時之氣，血氣就算動了，也不會留下痕跡。以上所述，皆可以以劍術嘗試。對初學者來說，最重要的是在盡孝悌，除去私欲。人的欲望不妄動時，氣則安定無滯礙。剛健果斷則有助心體明快。氣不剛健，萬事便難決斷；難決斷，小知便會蒙蔽心體的明快。這就是所謂的困惑。

劍術亦是如此。神定則氣和，技藝運用無須費心，順其自然而生，才是究極之理。初學者一開始就要培養氣的剛健活達，捨棄小知，將心中的敵人踏於腳下。一個人就算能打穿銅牆鐵壁，卻沒有大丈夫的氣度，也是無法成熟，至臻無心、自然的究極境界。若不培養氣，無心之思則為空想，而你自以為的和，其實也不過是怠惰。不只劍術如此，射箭、騎馬、各種技藝心術皆是，習藝者都必須先立下大丈夫之志，養成剛健闊達之氣，否則技藝必然無成。

這裡討論的氣，原本就是剛健闊達之本和生命之源，然而常人卻一直忘了養氣，反而以小知傷損自己的氣，氣也因此怯弱，未能作用。

就像前面討論的，氣為心體所載，是身體所有動作的根本，各位應該親身去體驗，收穫心得。若只是讀書、道聽塗說，卻不用自己的心去實踐，那麼所有道理對你都不會有用處，都只是傳說中的學問。對於學術或技藝，大家要去聽聞所有道理，要自身去實踐、體驗那些聽聞。一旦以心體得到證實，才能徹底理解萬物的正邪、難易。這便是所謂的修行。

卷四

有

天狗問——

槍的傳授有分直槍、十文字槍、鉤槍、管槍等等。那麼，哪一種比較有用？

老天狗這麼回答——

這是何等的蠢問題！槍是突刺用的武器，而武器如何運用自如，關鍵在於你自己，不在於你操用的是什麼槍。不論你的槍是鐮刀頭、握柄上有鉤，或是槍柄上包覆長管，都是前人在使用體會過後所做的改進，好讓武器更利於使用，機能更為極致，操作更加流暢。現今學習使槍的人，若從一開始就持槍練習，一路練下來，應該會比使用其他武器更靈活也更有利。若將這一開始就練習使用的槍運用到上等程度，有了心得，你就算改持棍棒，效果也與拿槍無異。

如今這時代，傳人的後繼者招募弟子，傳授應對橫砍的武器，只教導容易取勝的招式——管槍、直槍可用這樣的招式攻擊，鐮刀槍則可用那樣的方式打勝——授者只教導門下弟子應對他人武器的方法，這樣，不過是說明自己擅長的武器的長處罷了。教導者若以為這是自己運用武器的最高心得，認為交戰時遭遇十文字槍進攻、或鉤刀遇上直槍，都能以同樣招式應對，實際情況恐怕大相逕庭。儘管如此，習藝者仍要先專心熟練前輩師父們教授的內容。若是誤解了上述心得，初學時則容易心生迷惘。

對初學者而言，初入門之際，理論還無法提供多大協助。因此我先寫下如何收氣之術——

首先，仰臥躺下，兩肩放鬆，胸與肩左右放開，手腳伸展齊放，將手置於肚臍周圍。此時悠然自得，萬慮皆忘，心無所想，解放停滯之氣，將氣下引，行至手腳末端，而後充滿全身，後以禪宗之數息觀[26]計算呼吸。呼吸頻率起初也許會略有慌亂，當呼吸漸趨平緩時，氣則活絡，有如充滿天地間。集中呼吸，而氣不緊張，此時氣則充滿體內，進而活化。

此時，胸腹之間若積聚有病的地方，必定會感覺不舒服。聚集該處的是凝固之氣，這些氣必須融和，才能流動。腹中或許會有聲響，有些人會被這腹中的不適感嚇到，進而停止。但此時不要改變起初的充盈之氣，用手掌輕柔按壓感覺不適的地方，輕輕揉動即可。按壓病處若太過用力，則會和邪氣相逆，反而鎮壓不下。病處的氣若上衝太過嚴重，則可能有不同原因。總而言之，長時間將手放在腹上一處，氣則會聚集於該處。手不是要放在充滿氣的地方，而是要放在氣虛處。頸背若是有病氣的人，則必須放鬆頸背。此時只需讓氣別集中在一處即可。放鬆胸肩，雙肩一旦放鬆、打開，氣就能伸展。

26 將心念靠在氣息與數字上，算數呼吸，藉此停止心念的遷流與昏闇。

這是將氣打開的方法。心與氣是為一體，氣停滯時，心體亦會停滯，心體停滯，氣也會停滯。我這裡說的是解開停滯的氣，將有偏倚的地方完全展開、攤平的方法。打個比方，這就像你若是全身爬滿蟲蟻，必得先將蟲蟻抖落，接著清潔身體，最後才穿上新衣。

神道有內清淨與外清淨一說。內清淨是指潔淨心之本體，去除穢思妄想，回到無欲無我的狀態，重視自己本有的天真之心。外清淨則是指清淨身軀，重新感受潔淨的衣物、居處，讓體外邪氣無法轉移至體內的心之本體，這也有助於內清淨。內清淨與外清淨本為一體。若沒有內清淨，外清淨也不會存在。

心之本體與氣本為一體。氣行於體內，為心所用。心之本體有眼睛看不見的力量，它的形狀是無可見的，是以氣為主。修練這股氣時，心之本體自然安定。氣有妄動，心之本體則會產生困惑。這就像船行水上，平穩時，乘船者自然安心，一旦風大浪高，危及船身，乘船者則會不安。所以，初學者的著手點就是要解開自己的停滯之氣，安定自心，活用己氣，才能將氣運用自如。

就寢前，將身體攤平，練習解開偏倚的氣，收束散亂的氣。持續修練上述方法五至七日，或十至二十日，若能確實有爽快感受的話便是最好。在掌握到如此感受後，更應該實踐這個方法。氣若能得修練，則能活化，不會陷於怠惰。氣一旦充盈全身，使心之本體稍有活性，那麼，也是氣的活化。

早上起床後，端正身體，讓氣活化充滿全身，有如正三派的二王坐禪[27]。先花一點時間坐禪收氣，坐禪時必點線香，好估算固定的時間，但無須結跏趺坐[28]，只需如日常坐姿，身體端正，讓氣活絡即可。一天當中得閒時也可多次禪坐修行。這樣的修練能端正筋骨，活化血行，無所窒礙，氣充沛而不病。身體若不端正，氣就會容

27 鈴木正三（1579-1655），曹洞宗一派，提倡仁王禪，將禪宗與武士道精神結合，禪風因勇猛作風而有「二王坐禪」之名。

28 跏趺坐，禪定修行的坐相，兩腳交疊盤坐。

易偏倚。

站著修練也一樣，面對他人而坐、面對一切物品，或從事工作亦然。肩胸打開，氣便不會偏倚，也無所窒礙，全身都會充滿氣，甚至遠達指尖。唱歌發聲也是，吃飯飲茶也是，走路更是如此。無論何時何地，常記在心，持續不斷，氣便自然活化。一旦養成這個習慣，且不斷執行，對於外在事物的所有變化，便能快速應對。怠惰，則成死氣，則無法應對事物，而且行動緩慢。猶豫與沉著看似雖相似，實則不同。這還得由各位自行體驗才好。

就算對還無法寫字的幼兒稚子來說，上述這些也是不必辛苦學習就能做到的。孩子們隨樂音起舞，學習落語、蹴鞠[29]等各種小技藝，他們的氣一旦有偏倚而不活化，身體的動靜和手足舉措也就無法優雅，所有動作反應也會停滯。

一個人若日常中養成了惰性，做什麼事都不用心，平時不修練，只在施展技藝時才稍作思考，那麼他的氣會受到心體的影響，技藝動作會有偏執，氣會有動搖且不自知，這樣的人自然無法應對眼前突發的事。就算時常用心修練，日常中也會偶有心不在焉、因而無法因應眼前事物的狀況。然而重要的是，人需常常活化自己的氣，不能怠惰。怠惰則成死氣，氣死，則無自然的心之本體存在。這不是說氣無用武之地，而是人常會因事物而受驚嚇。然而你一旦氣充滿全身，在日常中與心之本體同存，那麼也就沒有任何事物能驚嚇到你，面對突發狀況既能應對自如，也無所畏懼。浮躁之氣是無根之氣，是無法面對日常生活的。浮躁之氣儘管看似氣，實則完全不同。

•

曾有禪僧這麼教小孩子——當你行經任何感覺恐怖的地方時，吸氣，將氣聚集

29 日本平安時期流行的球技。將鹿皮製成的球，持續踢向一定高度數次的競技。

在腹部，快快經過即可。這麼一來就不會覺得恐怖。這樣的說法相當利於理解。腹部用力時，氣會下行，並在體內匯聚而增強。人若氣虛，則會如前述狀況，因而處於驚恐。

•

或者，我們也可觀察路上行人走路的姿態。常人步行多是移動上身，然後頭隨身體而動，或說牽動全身而行。好的步行者腰部以上是不動的，僅以雙腳移動前行，上身靜止，不搖動內臟，則不顯疲累。看看抬轎者的走法即可明白。

手執劍戟者在步行時，若氣濁有所偏倚，就無法僅以雙腳步行。以頭先行而帶動身體的人，走路時會全身搖晃，有損行走姿態，內在的氣也會隨著動搖，心也難安穩。持武器者，右手持刀時則右腳在前，左手持槍時則左腳在前，也就是在站立時，以預備跨步前進的姿勢站著。面對一切事物，皆應常處於修行心態。步行時，坐下時，就寢時，與人面對時，只要用心，時時皆可修行。

你看看猿樂[30]藝人怎麼使用雙腳——他們皆以腳趾往上的姿態前進，靠著活用腳部，以足踵踏地而行。這不是只為了姿態風雅，而是能讓雙腳運用自如，而且氣可回歸自身，不受行走方向的牽引。踢球的人在踢球時也一樣。舞跳得好的藝人就算被人從後面一推，也不會跌倒。這是因為他們全身充滿活化之氣，下身定且穩固，上身輕鬆移動，氣無偏倚，以丹田呼吸的緣故。不擅長舞蹈的人只要遇到小小障礙就會跌倒。那是因為他們的下盤輕飄而不穩，氣有偏倚，無法活用，而且以胸部呼吸，氣集於上身，導致下盤空虛之故。擅長歌唱的人也是，他們發出低聲時，臍下部位會膨脹。這些都是大家可在日常生活中嘗試而知的事。

因此，人在步行時若下盤輕、氣又往上提，則容易疲倦。如此道理並不限於這

30 日本在江戶時期以「猿樂」稱呼能劇，跟「狂言」合稱為「能樂」是在明治時期之後。

些事情，你只要用心觀察耳目所及之處，天地間的萬物之事都能作為修練的基礎，這也就是「天下萬物皆為我師」的意思。你的意識若是過滿，不容他事他物，那麼，外界也就無法提供什麼助益。兵書是供君王在上戰場前，銘記前後左右、山川地利等所有有益之處的注意之事。古來曾有許多名將讀過農夫或獵人所書，謹記在心，繼而成為自己謀術的基礎，進而立下大功。如此方法不僅限於兵家之事。如果養成平時便觀察萬事萬物的心，那麼收穫的益處將多不可數。只知頑固空想的人與死人無異，即便有意追求什麼，也是得不到的。

•

有天狗問——

兵法是以計謀欺人之術。熟習此道，有助我小知小慧。那麼，這豈不是有害心之本體之術嗎？

老天狗這麼回答——

君子學習兵法是作為治理國家的方策，小人運用兵法則是充作害人害己的策略。舉凡一切事物皆如此。

你若一心以學習之道為念，不摻雜圖謀個人私利的意圖，那麼，就算你習得盜賊的策略，也可作為反過來防範他們的計策，不會損及學習之道。如果學習的心態充滿情欲利害，就算是讀聖賢書，也不過是徒然助長小知小慧罷了。因此，人需要先立志學習正道，不改志向，而後才學習萬事萬物。以正道之志學習兵法戰術，若因功名利祿而動心，專攻小知小慧，那麼，就是對立志正道學習的誤解。

熟練技藝的習劍者若認為此即陽剛之道，因而一心想藉此技斬退敵人，那麼一身技藝恐怕只會為自己招來禍害。這不是劍藝之罪，而是習劍者違背了自己所立之志。熊坂與辨慶同是武勇與謀略兼備、氣極剛強之人。辨慶的謀略用於忠義之戰，但熊坂的謀略則使於盜賊之道。所以，謀略並非絕對的武士之道，謀略用於軍隊忠心才是。辨慶在加賀國的安宅關所杖打義經[31]，此舉並非忠義，救主免於難才是。因此，單以行為或現象來討論，並不明智。

軍隊人數眾多，故需兵法，為的是不被敵軍攻破，也是藉謀略出兵的破敵之術。為了不正當的目的，而與正當為敵者，是謂賊。就算對賊有所防備，卻不用謀略，因而戰術毫無章法，將會使我軍陷入敵軍的計謀。我軍若具謀略知識，即可隨時應戰，不陷於敵軍之計。若我軍毫無計謀知識，便會被賊所擒。因此，怎可不具備謀略知識？

謀略之術變化多端，但終究都是為了應對人性而生。謀略若不能對應人性而設，就算知道如何應用技藝，也是毫無幫助。這就像醫師儘管牢記諸多藥方，若不知患者的病因，亂用藥方也無法治病，反而會引發其他病症。深知人性是將帥必備的智慧。將帥若無信用、無義理，毫無仁義，則無法合乎人性。將帥若不知人性，就算用盡謀略，也只會招來禍害，這一點從古至今無不昭然若揭。敵方暴亂，而我方有道可循，以人性服之，則堅如鋼鐵，對敵軍任何計謀皆無所懼。反之，若敵軍有道，而我軍不以人性服之，就算我軍有深不可測的謀略，也無用武之地。這正是身為將帥者為何必須深諳部下的人性。

現今忠義之士所學的謀略，都是過去名門將帥施用過的紀錄。這些謀略是古人留下的東西，就像釀酒留下的糟粕。而能從這糟粕中再提煉出清酒的，便是有將帥才能之人。後世匹夫不過是模仿過去著名將帥的謀略，忠義之士才能從模仿中射中

31 平安時代末的「源平合戰」後，擊敗平家、取得政權的源賴朝打算除掉立下戰功的弟弟源義經。為了躲避追殺，源義經和家臣遂喬裝成為重建燒毀的東大寺而沿途募款的苦行僧，逃到加賀國的安宅。安宅關所的守將富樫左衛門懷疑這一行人的真實身分，因此要求源義經拿出勸進帳（募款帳冊）以供檢查。此時，一直跟隨源義經、立下不少汗馬功勞的辨慶於是冷靜地拿出通關證件，佯裝成帳本，大聲看著宣讀，瞞過了富樫左衛門。接著，富樫左衛門向辨慶詢問身為苦行僧者的心得，並要他誦念經咒。辨慶流利地回答後，富樫左衛門反而對源義經起了疑心。反應很快的辨慶於是拿起金剛杖，重重地打在源義經身上，大聲斥喝：「皆因汝似判官屢引禍端！」這一打也消除了富樫的懷疑。辨慶也是日本武士道精神的傳統代表人物。

標的。

物頭、物奉行、斥候、使番[32]等，各有其任務。前備、脇備、卜備、遊軍[33]等各有其方法。不管是在進攻或突擊，甚至戰敗潰軍之際，大家若是不知道自己的任務及方法，那麼便無法成事。或是在攻城、守城、伏奸、夜討、夜入[34]等時刻，若稍有失誤，則大多潰不成軍。若不知道自己所司的事職就上戰場，就等於不知如何游泳卻要渡過大河。

•

接著有天狗問——

我軍以計謀欺敵，敵方也會用謀略詐我。敵欺我詐，世人皆知，這豈不是把天下人當傻瓜嗎？

老天狗接著這麼回答——

的確就如你所說的，但這就像版畫複製。自古以來，習棋藝者也是先從模仿著手，只能盡其力，知其理。雖然沒有其他方法可循，但仍有人能從中更上一層樓。圍棋的第一手也是從模仿最厲害的高手開始，而學習象棋者則從馬棋陣行、圍攻將軍等方法開始，就像版畫一張張複印出來。待我有心得後，再從中思湧出新手法，以決定勝負。

但舉凡世間一切事物，並不會如版畫般不斷重複。謀略也是如此。學習過去將帥的才能，就像以前人留下的原版版畫為本，臨摹學習。如此一來，當時機來臨，你心中臆想的謀略奇策則能如湧泉，在臨機應變中源源不絕地湧現。過去那些有名

32 物頭是江戶時期武家職位名稱，弓箭組或槍砲組的組頭領導人。物奉行為武器保管及搬運的部門長官。刺探敵情者是為斥侯。使番在安土桃山時代是戰情傳令或負責巡察者。
33 分別是前導軍隊、左右側軍隊、軍本隊和游擊隊。
34 伏奸、夜討、夜入，意為野戰埋伏軍、夜間攻擊和夜探軍情。

的軍事將帥會仔細觀察漁人和樵夫的技術，從中學習他們的技藝，再加以變化，成為新的謀術，並且實際用於兵戰。若你平時即能用心，那麼所聽所聞，皆有助個人增長謀略。

然而，後世的學習者必須知道古人版畫原版的內容，否則便無可根據。學術亦是如此。若是不知道前人走過的痕跡，就無法領略他們到達的境地。一切事物平常用心於耳聞眼見，是為修行根本，一旦遇事，則能依事實而應變。兩軍對戰，面對敵方大勢，不可能以一人之姿對戰。需常思古人前例，考量方案謀略，訓練士兵，建立可折衝、運用自如的軍備才是重點。

我因為先祖先父的德蔭才有今日的福份，倘若我稍有一念之差，懷有種種妄想之心而入天狗界，那麼必然會削薄我先祖先父的德蔭，惹禍上身的速度將會快如箭矢。你們也必須戒慎在心。

而所謂的天狗界，是對自己的小知小慧驕傲得不得了，以侮辱他人、引起騷動為樂，因而陷於不分是非得失的境地，也無法意識到平凡無事的樂趣，只知個人私慾，沒有自我反省的能力。這樣的人以遵從我者為是，不從我者為非。然而，世上的是非紛擾，都源自個人以自我執著作為圍水柵欄，進而對他人顯示對其所愛、所恨，或怒或苦。這樣的人內心是沒有平靜可言的。對佛家來說，如此狀態就像一日三飲熱湯，引火上身，又因煩熱之身而受苦，因而生出種種痛苦，動其邪念，危害他人。在座各位應修心、收氣，遠離魔界，追求凡人入世之道。各位都有長鼻、尖嘴，還有翅膀，難免自以為能勝過凡人，或是可去欺騙愚笨的人。若是如此，那麼你的長鼻、尖嘴、和輕盈的翅膀都將成為自心的苦，都將成為害人的東西。

學術及劍術，不管哪方面，請專心於自己所知。自知之時，自明於心，所言所行則需更為謹慎。至此，則無人可成為敵人。就算因為有不知之處而犯過錯，亦不成罪，一切結果聽天由命即可。

一個人若不了解自己，也就無法了解他人。以私心去欺詐別人，還自以為得勝者，別人也會以利己之心討伐你。以威勢欺壓他人，他人也會在你勢虛時討伐你。

學術、劍術一切皆相同。只有盡全力、無欲之人，才沒有可為人討伐的弱點。威勢無法頓挫這樣的人，欲望無法動搖他的志向，奇技淫巧也欺矇不了他。雖然我還無法斷除自己的本性，但我常以此提醒自己戒慎小心，多少可以達到少喝點熱湯燙到嘴的程度。我現在仍與天狗為伍，總想有朝一日會悟得入世為人之道。以上就是我對在座各位的提問所能傳達的想法。

忽然，草木震動，山鳴谷響，強風撲面。在這一瞬間，我從夢中驚醒。眼前乍看以為是山，原來只是一面屏風。

我橫躺在寢室中醒來。

藝術論後

有來客這麼評論此書——

你論述的內容道理明確，感情面也明究其理，雖然闡述了關於氣的變化，但沒有詳細說明關於技藝的應用。不過，仍有助於老人、有病在身者或公務繁忙者的向上之心，但對修練武藝的人來說，就有所不足了。

我這麼回答——

我不是劍術武藝之師，所以無意指導他人。我年輕時接受過精擅武藝心術者的親切指導，向他們討教過技藝的好處，探究氣的變化，也試著治療他人之病。聽他們的理論，只是為了不斷求得我自己的心得。這不過是我偶爾在靜默中的些許心得和了解，是寫給自己的孩子看看的筆記。但友人在旁看到後，也頻頻要我給他們看看。我怕受到有識之士批評，因此藉著扮演天狗這角色，戲談一下其中意義。這只是我的夢中囈語，沒有自以為是。

享保十四年（西元一七二九年）

已酉年　初春

心與術的奧義

《貓之妙術》《天狗藝術論》二則日本古寓言，闡述習藝與克敵致勝心法

作者	佚齋樗山
譯者	陳岳夫
社長	陳蕙慧
總編輯	卜祇宇
行銷	陳雅雯、尹子麟、余一霞、汪佳穎、許律雯
封面設計	井十二設計研究室
封面繪圖	Emily Chan
排版	宸遠彩藝
印刷	通南彩色印刷股份有限公司

讀書共和國 出版集團社長	郭重興
發行人兼出版總監	曾大福
出版	開朗文化 / 遠足文化事業股份有限公司
發行	遠足文化事業股份有限公司
地址	231 新北市新店區民權路 108-2 號 9 樓
電話	(02) 2218-1417
傳真	(02) 2218-0727
客服專線	0800-221-029
信箱	service@bookrep.com.tw
法律顧問	華洋國際專利商標事務所 蘇文生律師
出版日期	2022 年 1 月初版一刷
定價	新台幣 260 元
ISBN	9789860660784 (紙本) 9786269562008 (EPUB) 9789860660791 (PDF)

取譯自《猫の妙術》(1727) 及《天狗芸術論》(1729)

國家圖書館出版品預行編目

心與術的奧義：《貓之妙術》《天狗藝術論》二則日本古寓言，闡述習藝與克敵致勝心法 / 佚齋樗山著 ; 陳岳夫譯 . -- 初版 . -- 新北市 : 開朗文化出版 : 遠足文化事業股份有限公司發行 , 2022.01
128 面 ; 14.8 X 21 公分
ISBN 978-986-06607-8-4(平裝)

1. 人生哲學　2. 寓言　3. 日本

191.9　110021690